ENTRE BLANCO
Y
NEGROS

Àngela Tirado

PALABRAS
DE AGUA
EDITORIAL

TÍTULO: ENTRE BLANCO Y NEGROS
© ÀNGELA TIRADO

© ILUSTRACIÓN Y DISEÑO DE CUBIERTA: RAFAEL RUIZ
EDITORA: ANA COTO FERNÁNDEZ
CORRECCIÓN Y MAQUETACIÓN: PALABRAS DE AGUA

PRIMERA EDICIÓN: ABRIL 2024

© EDITORIAL PALABRAS DE AGUA 2024
PALABRASDEAGUAEDITORIAL@GMAIL.COM
WWW.PALABRASDEAGUAEDITORIAL.COM

ISBN: 978-84-127152-3-1
DEPÓSITO LEGAL: M-13039-2024

IMPRESIÓN: ESPAÑA

Siempre habrá una persona que te ayude a encontrar de nuevo el camino para continuar.

Gràcies, Tere.

COMENTARIO DE LA AUTORA

En mi caso, resulta un desafío desentrañar los sentimientos y emociones que, por mi ingenuidad, siempre creí convergentes. No obstante, he descubierto una frontera, ya sea precisa o etérea, que los distingue. "Entre blanco y negros" surgió en una tarde, inmersa en un fervor de emociones que, en aquel instante, ardieron con la intensidad del fuego, avivando en mí cada sentimiento. Fue como si la memoria insistiera en recordarlos para evitar su olvido o curación. La mente debe resguardarse para preservar la salud del alma. Puedo ser yo, o puedes ser tú... ¿Quién lo sabe?

PRÓLOGO
por Claudio M. López

Es un honor presentar "Entre Blanco y Negros", una obra poética que desafía con maestría las convenciones literarias. La autora, con destreza equiparable a la de un compositor, orquesta una sinfonía que captura las esencias más profundas de la experiencia humana. Este libro, meticulosamente tejido, no simplemente invita, sino que exige al lector descubrir una nueva forma de experimentar la poesía. Aquí, las palabras no son meras letras, sino puentes hacia la comprensión de la complejidad del ser. "Entre Blanco y Negros" se presenta como una exploración dividida en dos capítulos que sumergen al lector en un viaje poético desafiante y redefinitorio de los convencionalismos literarios. En esta historia, la oscuridad eclipsa a la luz, y el negro predomina sobre el blanco, revelando un *universo donde las sombras trascienden los resplandores.*

Capítulo 1: Reflexiones Sobre la Existencia

En esta odisea lingüística, la autora nos conduce a través de reflexiones que trascienden la cotidianidad. El respeto, cual moneda de silencios, adquiere valor en estas páginas, y la ausencia de éste se revela como una falta notoria. La narrativa desafía la ligereza del vivir, proponiendo despojarse del rencor enquistado y abrazar la esencia de existir.

En un ejercicio de introspección, se nos invita a examinar nuestras vidas, a querernos a nosotros mismos antes que a los demás. La poesía abraza la complejidad de la duda y la escasez de valentía en un mundo donde los audaces son contados. Por otro lado, nos insta a dedicar tiempo a vivir auténticamente y a valorar cada aspecto de nuestra existencia. A través de un espejo de autoafirmación, se nos desafía a reconocer nuestra importancia y no burlarnos de los mundos ajenos.

Capítulo 2: Un Encuentro con el Ser

En el segundo capítulo, nos encontramos con una fusión de memorias y visiones de un pasado entrelazado. La introspección se vuelve un viaje hacia la autenticidad, liberándonos de mochilas y juicios. El pasado, cansado y gastado, encuentra su descanso eterno mientras el presente resurge. Las páginas se llenan de encuentros, pérdidas y redescubrimientos. La autora explora la complejidad de las relaciones y las inevitables despedidas. La introspección se convierte en una danza entre el yo y el tú, entre el olvido y el recuerdo.

La obra culmina con la contemplación de la finitud y la esencia efímera de la existencia. La autora, en un emotivo acto de despedida poética, nos sumerge en la noche, donde las palabras se descomponen en un colchón de sufrimiento y soledad. La piel, testigo silente, ya no transpira, y quedamos suspendidos en el eco de una última meditación que explora la dualidad de la existencia y la percepción de la realidad.

La metáfora de "blanco y negros" evoca la complejidad y diversidad de la vida, destacando "ese blanco que desconocemos por parecer vacío". Este matiz sugiere la falta de comprensión completa de ciertos aspectos de la existencia que podrían parecer carentes de significado. A su vez, la alusión a los "seductores negros" insinúa la atracción de aspectos de la vida que, aunque atractivos, llevan consigo sus propios desafíos y complejidades.

La autora nos invita a reflexionar sobre la relatividad de la dualidad, planteando que tanto el blanco como el negro son conceptos interconectados. La verdad y la realidad completa podrían hallarse en algún punto intermedio, desafiando la noción de extremos absolutos.

La conclusión de que "ni unos son tan oscuros, ni el otro tan candorosamente claro" resalta la idea de que las dualidades no son extremos rígidos, sino gradientes que se entrelazan en la complejidad de la existencia.

Este libro no se limita a ser un conjunto de versos; constituye un viaje reflexivo que nos conduce a explorar las profundidades de las emociones y la fugacidad de nuestra propia existencia.

Claudio M. López
Sicilia, 26 de noviembre de 2023

CAPÍTULO 1

MEDITACIONES DEL AYER: ECOS DE LO QUE FUIMOS

El respeto,
se cuantifica
en silencios.
Pero hay ocasiones
donde los silencios
constituyen una notoria
falta de respeto.

Andar ligera,
sin errores guardados.
¿Por qué cargar
rencores enquistados?

Inventar vidas
sin estrenar la propia.
Queriendo a todos,
salvo a ti mismo.

Ante la duda,
vas y dudas.
Valientes
quedan pocos.
Nunca
fueron numerosos.

Esencial:
dedica tiempo
a vivir tu vida.

Sano ejercicio:
valorar todo.
Ya es momento
de valorarte.

Intenta esto
frente al espejo y dile:
"Soy sumamente importante
para mí, pero sin ti
me falta mi mitad".

No te burles
de los mundos ajenos.
Nadie te ha narrado
sobre los puertos
donde tuvieron que atracar.

Si desconoces
el antídoto,
no generes
la toxina.

Aparentas
estar bien,
pero no lo estás,
¿verdad?

Lidiar con la estupidez
es más complejo
que aprender álgebra.

Aprende
a colmar tu vida
sin la necesidad
de vaciar la del resto.

Quédate
con lo positivo,
lo negativo
hazlo
me-jo-ra-ble.

Entre **sangre**,
no hay rivales,
solo **sangre**.

Allí,
en lo más profundo,
es donde
deberías mirar.

Las puertas
se abren
si se llaman.
No se cierran
sin razón.

Pasar por la vida
a sorbos
es como rebañar el plato.
No es apropiado.

No provoques
que pierda
mi tiempo.
Yo respeto
el tuyo.

No es lo que tú
crees que soy.
Es lo que yo
sé que valgo.

Una mano amiga
nunca sobra,
si son dos,
mucho mejor.

Puedes
volver sobre tus pasos.
También
puedes continuar
¡forjando camino!

La nobleza
no se mide
por tamaños.
Se tiene,
o no se tiene.

La fortaleza
de tu espíritu
es la salud
de tu cuerpo.

Dudar no es malo;
no tomar decisiones,
eso sí que lo convierte en malo.
Errar no es malo;
la resolución
ante las circunstancias,
allí radica tu diferencia.

Puedes sanar
tantas veces
como te lo propongas.
Volver a sentir lo mismo
también es parte
del proceso.

Podría contarte mil cosas,
pero hacerlo no me beneficia.
Que no las sepas, tampoco.

No me cansé;
aprendí a esperar
sin desesperar.

Si solo te quedas
en el intento,
¡difícilmente
descubrirás el final!

Anhelar que cada día
sea idéntico al anterior
es como desear
que el agua del río
deje de fluir.

Hacerse mayor
nada tiene que ver
con el hecho de crecer.

Que el perdón
no sea lo último
que compartas
con aquel a quien
siempre quisiste.

CAPÍTULO 2

UN ENCUENTRO CONMIGO

Toparme
con tu ser,
descubrirte
en mi ser,
encontrarnos...

Sin ti,
sin mochilas.
Yo,
pero conmigo.
Sin juicios ni ayeres.
Mi pasado cansado y gastado
pidió descanso eterno.
Descanso le di.
¡Adiós, pasado...!

Reconocer
que andas perdida
es adentrarse en el fondo
de tu mirar.
Y no quiero.
Tu mundo, mi mundo,
anduvieron paralelos,
pero de eso,
hace ya un mundo.

Y me recorres
por las venas,
con tropiezos
y aciertos.
Mis latidos,
se deslizan también
por las venas,
nuestra **sangre**.

Y en ese instante,
te perdí,
o nos perdimos,
ya sin importancia.
Pero me importabas.

Dejé de preguntarme,
y aconteció.
Todo se detuvo,
y en ese instante,
mi mundo resurgió.

El péndulo,
quedó entumecido.
No así el tiempo,
que fluyó en su devenir.
El tic,
sordo quedó,
y el tac,
enmudeció.

¿En qué instante
titubeaste,
sin detenerte
a interrogarte,
o tan solo preguntarme?

Si algún día percibes
y sientes.
Si alguna vez regresas,
y sientes.
Quizás, evitar el regreso
sería prudente.

La memoria,
sorprendida,
avergonzada,
inclinó cabeza
y hombros.
¿Y te asombras?

Seres irrepetibles.
Otros, quizás,
mejor no se repitan.

Sin emociones.
Sin padeceres.
Sembraste cadáveres,
impropio en
Corazones lúcidos.

Arrinconaste
cordones umbilicales,
nanas sin cuna,
quebrando al deseo.
Amor de espaldas.

Con sabor amargo,
y memorias dulces.
Con presente desvanecido,
y futuro incierto.

Y creíste
que regresabas,
cuando jamás
partiste.

Nada funciona
a distancia
ni tiene efecto.
Y tus ecos,
dejaron de resonar.
Ya no eras el eco,
ya no eras.

Relojes blandos,
sin tempos marcados.
Cenizas,
musitando al aire.
Danzando
contra notas,
que nunca percibiste.

Herida sin cierre,
cicatriz expuesta
en carne viva.
Sin batallas que librar.
Solo tú.

De bruces,
te diste
con tu propia vida.
Y ahí perduras,
en el lodo.

Y las sonrisas
se desvanecen.
Y las lágrimas
se evaporan.

Te alejabas de puntillas,
con los ojos anegados.
Y su despertar
no era de ensueños.

A fin de cuentas,
fuiste el tropiezo,
la zancadilla,
de tus propios sueños.

Te debatías con la vida,
con todo lo que la envuelve.
Y te es indiferente todo.
Aunque debería
importarte algo, alguien...

Y no me extingo
por dentro.
Ni por verte,
eso es desolador.

Afirmas ser
y no sé
quién eres.
Sí quién soy.

Por los rincones
como la mugre.
Complicada de quitar,
simple de impregnar.

Hubo un antes,
podría haber habido
un después.
Pero sin ahora,
no habrá nada.

No presencié
tu historia.
Fui testigo
de tu existencia,
mas no de toda.

Mi papel
es simple,
el tuyo
descansa
en ti.

Ni te profesé
manía.
Ni fuiste una
manía.
El resto,
no es cosa
mía.

Tu frustración
nació contigo.
No estuve, creo...

Tu versión más sombría
es objeto de revisión,
y consejo.

Levantarme
sin pensarte,
eso es serena paz.

Ni noté
tu sutil ausencia.
Me encontré con alguien,
responde al nombre de **Tiempo**.

No nos equivocamos,
alguien quiso que
permaneciéramos
siempre desorientadas.

Y no tengo prisa,
por saber si regresarás.
Ahora estoy conmigo.

Todo surgió a causa tuya,
pero siempre supe
que no te pertenecía.

En el porvenir,
la vida volverá a barajar
las cartas, y será como hoy,
cara arriba.

No aconteció cuando
tú quisiste,
yo, previamente,
había decidido.

Y llegado
el instante,
que la calma
me abrace.

¿Qué podría decirte,
si no es porque
me tragué,
lengua y lágrimas?
Solo pedirte
distancia y ausencia.

Con libertad
de conciencia,
me permito expresarte,
quizás lo fuiste,
mas nunca lo poseíste.

No habrá un hasta luego,
ni un hasta mañana.
El instante se nos rompió.

Necesidades extrañas las tuyas,
ni tú sabes qué te mueve.
Das una calada,
mirando hacia la nada.
Te sacudes la culpa,
como quien se sacude el frío.
Y aplastas el cigarrillo
pensando en tu enemigo.

Saboreé tu savia,
creí que **dominaba**,
mas la palabra maldita
¡me retornó a la **adicción**!

Si todo lo que subsiste
es esto,
un estado sin definición,
sin tiempo para arribar
ni ocasión para ausentarse,
mejor es partir ya…

Te aparto por hoy.
No hallo el verso,
ni la forma,
para evitar lastimarte.

Densos bosques
son tus dudas,
pantanos arenosos
reflejan tus mirares.
Y te yergues ante ti mismo,
con aguas turbias
pretendes lavar entuertos.

La silueta
de tu sombra,
dejó de pertenecerte
para abrazar la libertad.

Cuando tú lo desees,
sin apremios, sin deberes,
te ofrezco mis zapatos.
No me inquieta
andar descalza
un trecho, mientras tú,
luces mis llagas.

Zalamera,
cual fragancia de vainilla,
empalagas,
atrapas almas sencillas,
con cierto toque
y escaso olfato.

Moraste entre nosotros
en un universo compartido.
Parecías satisfecha,
oscilando, mutando.
Resultado infructuoso.

Cuando todo
es nada
y la nada,
es mucho
o todo.

Anduviste tan descalza,
tan segura en el caminar,
que al subirte a unos tacones,
caíste desde lo alto
y aún te duele la culada.

Y si el corazón
lo desea, a ti,
¿qué más te da?

Travesuras fueron cuando
sus miradas aún eran tiernas.
Tropelías sin vuelta atrás
marcaron inquinas la vejez.
Si acaso, vuelve mañana,
hoy sigue siendo un no.

Y la sangre tira, y bulle y late.
Tú la niegas, y reniegas, más ella late.
Te sulfuras, ardiendo por dentro.
Olvidando el verbo amar.
Alimentando miserias de remiendos,
inventadas sin razones ni motivos.
Ahuyentando buenos augurios.
Esclava del pasado olvidado por el resto.
Anclada sin soltar lastre.

Me dormí sin ti,
y desperté a tu lado.
Y cerré los ojos,
para seguir durmiendo.

Entre musarañas apartadas,
enredadas con arañas.
Entre lianas y verdades,
entre mentiras y hados.
Y las hadas se preguntan...

Recordar tus actos
no causan dolor.
Rehúyes tus últimas palabras.
Acercarte a ellas,
incluso tú podrías lastimarte.

Olvidé
nuestro último beso.
Recuerdo
que me gustaban,
eran tuyos y míos.

A ti,
se te antojó
sustituirme.
A ti,
se te olvidó
que solo existe un Tú,
y que jamás
recobrarás mi **Yo**.

Conjugar, en momentos muertos.
El verbo llega aprisa
de la mano del verso,
amar, desear, querer.
Y el verso, perverso,
se funde con la tersura
del verbo, derritiendo mentes,
ungüento para sí mismo,
aprovechando agravios.

Ladrón con todos los derechos,
sin tiempo para alzar las manos.
Me dejaste sin vida,
con el vello erizado,
mi cuello clama, pide más,
y te marchas con tu sonrisa.
Y yo me quedo compuesta,
incluso perpleja.

Sin otro momento para ambas,
o al menos, no se vislumbra su arribo.
Lento es el olvido que avanza,
arrolla sin darse cuenta
lo que en su rastro dejó atrás.

Concederte otra oportunidad
es incierto, un riesgo ignorado,
que no sé si vale la pena explorarse.
Contigo, es jugar al dolor,
un dilema tratándose de vos.
Besos que nunca serán veraces,
repetir patrones de risas invertidas,
y mañana, sin más,
retomarás tu papel y te desvanecerás.

Vivir lo que nunca serás,
estar donde no deberías
jugando con el ser o el no seré.
Eludir tu propia presencia,
librándote de tu fui.

Líneas sin renglones,
unos fueron pensados,
opuestos, otros
por la confusión en tu mente.
Sensata, te llamas.

Te ves furiosa temprano,
rubor y enojo
vagan unidos, sin tocarse.
Tentación sin avisar,
te percibes osada,
siniestra más.

Alma desligada de carne
perpetuamente moribunda,
idolatrada por lo oscuro,
la neutralidad quedó al margen
a la espera de tu luz.
Nadie alertó sobre el retraso.

Diurnas llegan las horas,
emociones desde atrás.
Llorarás después, sin testigos.
Ilusiones se quedaron
narradas y declamadas.
Antes, ahora, siempre,
no quedarás en el olvido.
Tiempos obsequiados por ti,
tus letras dejaste en silencio,
saber como tú, pocos supieron.

En memoria del Maestro, Antonio Gala.

Vivieron sin reparos,
simuladores de la vida,
al menos así lo aparentaban.
Juntos hasta después,
en ese entonces, no imaginaron
reencontrarse mutuamente,
orando versos ajenos
sin haber sonado antes.

Antes de añorarte, partirás.
Cuando decidas marcharte,
hallarás la puerta abierta.
No acepto penas ni dolores,
mi conflicto está resuelto.
Ahora ando sola,
rumbo fijo pero variable.

El perecer contaminado
de cada noche, dando pie al crepúsculo,
y su amanecer, sin tregua.
Yazco inerte, revuelta entre letras,
en un colchón mullido
de palabras sueltas, ligeras, podridas,
heridas de muerte por el desgaste.
Revestidas por el peludo y verde moho
que la soledad abriga,
y la piel ya no transpira...

Y no he mencionado tu nombre...

AGRADECIMIENTOS

Con sincera gratitud, deseo expresar mi profundo agradecimiento a aquellas personas que han sido fundamentales desde el momento en que me aventuré a dar este paso, he tenido la fortuna de encontrarme con seres maravillosos, cuya generosidad y apoyo han sido invaluables.

Agradezco de manera especial a Rafael Ruiz Pérez (@rafarusan64), cuya paciencia y dedicación han dado vida a cada una de las imágenes que nacieron de mi imaginación y fueron materializadas por su talento.

A Claudio M. López (@claudiomlopez), por poner en el orden correcto mis emociones y sensaciones.

A Miguel Ángel Rodríguez Beltrán (@trisurko), gracias por apreciar mi sonrisa, aquella que jamás ha visto.

A Miguel Gardeta Lordán (@miguel_gardeta), mi reconocimiento por sus hermosas palabras de apoyo.

Mi reconocimiento a J. S. Artistico (@artistico_jsa), por brindarme invaluables consejos, cada uno superando en valor al anterior.

Y a todas esas personas que siempre han tenido un mensaje de cariño, mi agradecimiento eterno. Nunca podré expresar lo suficiente la gratitud que siento.

Con el sincero deseo de que lo disfrutéis tanto como yo al escribirlo, les agradezco de corazón por formar parte de este capítulo de mi vida poética.

Ángela Tirado

Tarragona, 24 de noviembre de 2023.